I0721050

CINCO CUERPOS DEL VIENTO

Antología de poesía breve japonesa

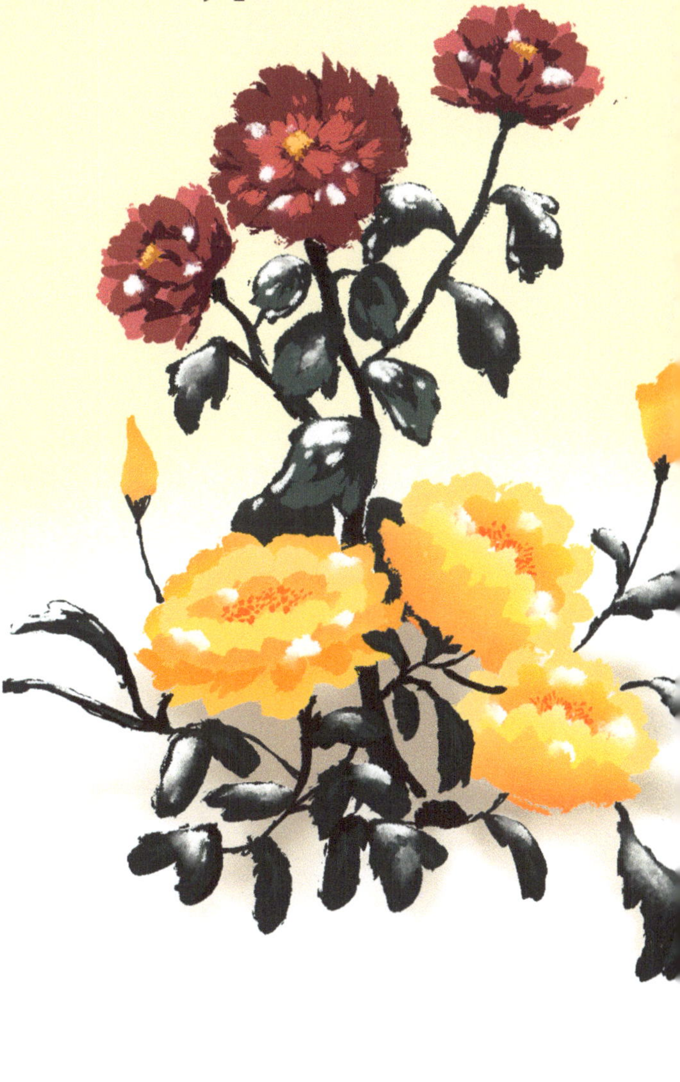

CINCO CUERPOS DEL VIENTO

Primera edición, 2025
© Hispanic Heritage Literature Organization
Dba Milibrohispano

ISBN: 978-1-969583-01-8

Publicado por Snow Fountain Press
25 SE 2nd Avenue, Suite 316
Miami, FL 33131
www.snowfountainpress.com

Dirección editorial: Pilar Vélez
Ilustración, diseño y diagramación:
Alejandra García Martínez - Snow Fountain Press

Poetas antologados: Carmen Serrano Bruno, Ana Gerónimo Mariñez, Carolina Giraldo García, Fiama Valerio, Zaílyn Olivera Cruz y María Fernanda Calderón.

Hispanic Heritage Literature Organization, 501 (c) (3) entiende la literatura hispana como un legado vivo, esencial para preservar nuestra identidad cultural, historia y valores. Este proyecto forma parte de ese compromiso de honrar y difundir la palabra hispana, brindando una plataforma a nuestros miembros como protagonistas de su propia creación literaria. Al fusionar las voces hispanas con la inspiración de la poesía japonesa, celebramos la diversidad, fortalecemos la comunidad y proyectamos nuestra herencia cultural con dignidad.

Conoce a Milibrohispano y apoya su labor:
https://milibrohispano.org/
Facebook.com/milibrohispano
https://www.instagram.com/milibrohispano
https://www.youtube.com/milibrohispano
https://www.youtube.com/@milibrohispanokids
Escríbenos a membrecias@milibrohispano.org

La verdadera poesía es llevar una vida hermosa.
Vivir la poesía es mejor que escribirla.
—Matsuo Bashō

Contenido

Presentación

Cinco cuerpos del viento. Cinco formas poéticas. Siete voces hispanas. Un mismo aliento. Esta antología nace del deseo de habitar la brevedad con hondura, como quien se lanza a explorar lo desconocido para encontrarse y reconocerse en otro cuerpo, en otra mente, en otra alma; de recorrer el territorio sutil de la poesía japonesa desde nuestra lengua, con respeto por su forma y libertad en su espíritu. Como cinco cuerpos tomados por el viento, los poemas que aquí se presentan atraviesan paisajes, estaciones, emociones, silencios.

HOKKU, origen de lo que más tarde sería el haiku, nos enseña la reverencia del inicio: tres versos que abren el mundo como una primera luz.

HAIKU, acaso la más reconocible de estas formas, es un instante afilado, una fotografía del alma del mundo, donde lo pequeño y lo eterno se tocan.

MÜKI despega del haiku su ancla estacional, abriéndose a lo intangible, a lo abstracto, como una ráfaga sin rumbo.

HAIKIGO, centrado en objetos de temporada, nos lleva a mirar con otros ojos la materia: utensilios, flores, gestos. Todo lo pequeño tiene peso.

SENRYU, finalmente, nos devuelve la risa leve, la crítica sutil, la mirada sobre lo humano con sus ironías, sus juegos, sus debilidades.

Cada poeta invitada a este libro ha creado desde estas formas, no para imitarlas, sino para dialogar con ellas. Ha sido un ejercicio de mirada: de ver el mundo a través del lente de otra tradición y, al mismo tiempo, de verse a sí misma con ojos nuevos. La voz hispana, desde distintos rincones del mundo, se ha trenzado con la poesía japonesa en una danza callada, delicada y viva. En ese cruce, la palabra se transforma: no pierde su raíz, pero se deja tocar por otras lluvias, otras estaciones, otros modos de decir, otras maneras de significar.

Milibrohispano lideró este proyecto como un acto de creación colectiva, de cruce cultural y de celebración literaria. Porque creemos en el poder de la palabra breve para tocar lo eterno. Porque nos mueve la convicción de que la poesía no conoce fronteras, y que incluso en su forma más contenida, puede abrir el mundo entero.

Expresamos nuestra gratitud a la poeta María Victoria Arce Montoya, sensei de este viaje creativo, por compartir con generosidad su conocimiento y sensibilidad, y por guiar con mano firme y corazón abierto esta travesía poética que hoy el en lector sostiene entre sus manos. Que cada cuerpo de viento aquí reunido toque ti una cuerda nueva. Que esta lectura sea como el paso de una estación: *inevitable, delicada, transformadora...*

Pilar Vélez

HOKKU

Es el antecesor del *haiku*, nacido como la primera estrofa del *renga* o *haikai no renga*. Su presencia al inicio nos remite al origen formal de esta tradición poética

Verdes palmeras
en la arena candente
ondula el agua.

Menuda nieve
fantasía de niña
en el invierno.

En el otoño
junto al mar y al sol rojo
bello horizonte.

Tierno silbido
un ave en el sakura
primaveral.

Flores colgantes
bulevar solitario
campo otoñal.

Verano alegre
risas cantos y bailes
sol radiante.

Rosado vivo
el sakura renace
adorna calles.

En primavera
el campo colorido
vuelan libélulas.

Las hojas caen
rojos naranjas y ocres
pasos que crujen.

Cristales de hielo
la niña corre y brinca
tarde de juego.

El sol caliente
brisa cálida y suave
playa tranquila.

Abre sus hojas
el hermoso capullo
primada flor.

Entre palmeras
bajo el sol de verano
arde la arena.

26

Brisa de otoño
las hojas se las lleva
paisaje de ocre.

Estío tórrido
brotan los girasoles
crece un jardín.

La primavera
florecen los cerezos
aroma al aire.

Sol abrasante
un bote junto al mar
dorada arena.

Frailejón ártico
absorbe fría niebla
montaña blanca.

Bella petunia
grácil y colorida
en primavera.

Sobre los carros
las álgidas ventiscas
nevada blanca.

En el invierno
gotas en los cristales
fugaz granizo.

Blancas huellas
travesuras de invierno
pícara niña.

El mar tranquilo
el sol caliente quema
danzan las palmas.

Cielo nublado
hojas secas al viento
camino en ocre.

La lluvia fuerte
el pasto deshojado
gélido viento.

Campo de flores
polen y mariposas
es primavera.

Espejo y rosa
hojarascas que caen
migran las aves.

Altas palmeras
salvan mi piel ardiente
del cruel verano.

Primada flor
se prenda el abejorro
enamorado.

Blanco el camino
va enmarcando mis huellas
y álgidos pasos.

Sombra redonda
las ramas abrazadas
por el otoño.

Abre sus alas
frente al amanecer
la mariposa.

En cielo de agua
se arrebola la tarde
nubes de otoño.

Un bello ciervo
sobre un lienzo de flores
tarde estival.

Hojas de otoño
difuminan su sombra
ocre cristal.

Tras los cristales
caen copos de nieve
crepita el fuego.

HAIKU

El *haiku* nace del antiguo *hokku* y alcanza su madurez en la tradición japonesa como una forma de contemplación poética. En su brevedad habita el silencio, la sugerencia y la comunión íntima con la naturaleza, donde lo efímero revela lo esencial.

Tórridos días

fragatas en el mar

olas y espuma.

Gorjeo de aves
los paisajes floridos
las mariposas.

54

Árboles ocres
caen sus hojas secas
llega el otoño.

El Sol candente

en días de verano

ríos y playas.

Gotas heladas
en una noche fría
fuego encendido.

Juegan los niños
crujen las hojas ocres
tardes de otoño.

Verano ardiente
el castillo de arena
niño en la playa.

La nieve cae
montaña y pinos blancos
los osos duermen.

Aroma dulce
el primer fruto brota
cálido viento.

Lavanda fresca
germinan nuevas flores
cielo nublado.

Pequeños nidos
gaviotas alzan vuelo
verano ardiente.

Sobre el jazmín
vuelan las mariposas
la brisa fresca.

La primavera

germinan amapolas

campo de flores.

El viento sopla
caen hojas marchitas
luna de otoño.

Vaivén del mar
el velero navega
estío cálido.

El árbol seco
las pisadas hundidas
helada nieve.

Bosque nevado
el zorro invernal aúlla
oscuro día.

La primavera
plantas brotan del suelo
una eclosión.

Brillante sol
las palmas veraniegas
salado mar.

Flores marchitas
las hojas secas caen
migran las aves.

Tarde de otoño
ocaso de árboles
la brisa fresca.

Caen las hojas
con las lluvias de otoño
la ardilla corre.

Tulipán rojo
cantan los ruiseñores
la mujer baila.

Frío en la calle
escarcha en la ventana
el perro ladra.

Noche de invierno
chocolate caliente
el niño juega.

Árbol marrón
se amontonan las hojas
otoño frío.

Blanca la escarcha
nevisca en la pradera
días nublados.

En primavera
florecidas hortensias
el mirlo salta.

Verano ardiente
cálida agua del lago
largos los días.

El aire frío
cae nieve en el llano
noches oscuras.

Nubes y ramas
reflejan en el agua
días de otoño.

Cae la tarde
sobre los girasoles
cálida brisa.

El ciervo mira
desde el acantilado
noche de invierno.

La luz del faro
en la noche de invierno
olas y espuma.

Mece la brisa
espigas y amapolas
clarea el alba.

MÜKI

Es un tipo de *haiku* sin *kigo* (palabra estacional), lo que puede interpretarse como una variante contemporánea o más libre del *haiku*. Va bien después del *haiku* tradicional.

Altas palmeras
se mecen con el viento
isla en el trópico.

Noche tranquila
de amores en silencio
luna rosada.

Vuela la alondra
entre los blancos cúmulos
vive en amor.

Papel y lápiz
transmutan las palabras
en poesía.

La suave brisa
se desliza en las flores
reluce el sol.

Cielo estrellado
brillo energía cósmica
noche sin luna.

Río tranquilo
sombras en la ribera
los peces nadan.

Los arreboles
crepúsculo rosado
termina el día.

En la ventana
cuatro pájaros trinan
el sol se asoma.

En la mañana
oleaje sereno
vuelan gaviotas.

Frondosos bosques
esconden sus secretos
paz en la fauna.

Reciben luz
los gigantescos troncos
dosel de árboles.

Libre pájaro
despliega sus dos alas
el cielo azul.

Fértil viñedo
hileras de uvas y vid
cata de vino.

El tiempo pasa
el sol se oculta al oeste
noche serena.

Reflejo azul
laguna corazón
mágico cielo.

El arcoíris
perfumado capullo
radiante día.

Luces etéreas
rosado firmamento
ligera nube.

Ciprés esbelto
en el largo camino
escampa tarde.

Entre colores
hipnóticas las olas
reposa el pez.

Aves cantoras

engalanan la noche

viento del norte.

Lenta tortuga
sobre pesada arena
largo camino.

Gato la mira
su aullido desespera
claro de luna.

Flores despiertan
la pasión que vivimos
bajo los cerezos.

Bajo la roca
el río lento corre
pájaros cantan.

Río en su cauce
cristalina sus aguas
fresco el camino.

Ramas caídas
en el verde paisaje
recia ventisca.

Brillante estrella
ilumina la noche
cantan los grillos.

Con su ala rota
aletea con fuerza
se oculta el sol.

Espuma suave
van y vienen las olas
dunas de sal.

Entre las nubes
coloreo el arcoíris
comienza el día.

Se espuma el mar
sobre agitadas olas
rosada el alba.

Con sol de ocaso
se arrebolan las nubes
río de plata.

En pentagrama
melodía de lluvia
clave de sol.

Vaivén del mar
en solitaria playa
atardecer.

HAIKIGO

Forma poética presentada en esta antología para referirse a un *haiku* que incorpora un *kigo* explícito y otro sugerido de manera indirecta. Esta doble capa estacional intensifica la atmósfera y amplía la resonancia del poema.

Ocre sombrío
sobre todos los árboles
sonríe el niño.

Velero al agua
con el radiante sol
bailan los novios.

Racimo primo

madura en la vereda

girasol tierno.

Intenso frío
se divierten los renos
la nieve blanca.

Olor a tierra
cae torrente de hojas
por el peldaño.

Primer aroma
crecen las hojas verdes
salta la rana.

Ventana abierta
del sol entran los rayos
canoa al río.

Intenso frío
advierte la nevasca
noches heladas.

El aire fresco
manto de hojas ocres
los niños brincan.

Verdes palmeras
el sol radiante abrasa
el mono duerme.

Inmenso arroyo
vierte sus frías aguas
gélida noche.

Flota un velero
a la hora soleada
profundo océano.

Árboles de ocre
toca un niño las hojas
fría campiña.

142

Primada flor
a la vera del bosque
verdes praderas.

El calor vuelve

iridiscentes rayos

noches en vela.

Verdecilla ave
rayo fuerte de sol
el nopal nace.

Intenso cierzo
vieron la blanca cumbre
helado océano.

Brota la prímula
alas de mariposas
vera del río.

Monje devoto
hibernan las marmotas
terruño frío.

Primeros brotes

aroma del vergel

brilla la aurora.

Nacen sin prisa
las margaritas blancas
lluvia severa.

Buena cosecha
toneles hasta el tope
piñones secos.

Barco de vela
sol radiante que quema
robusto anciano.

Calle inundada
aguas heladas
niebla en la noche.

Primera flor
vuelan las mariposas
vera del río.

Primera malva
ave anida en la rama
llano de lirios.

Verdes palmeras
plantadas en la arena
cálidas noches.

Árbol cobrizo
hojas amontonadas
nuez de castaño.

Intenso viento
hielo frena el naviero
pinos nevados.

Verde sendero
saltan ranas al lago
gira el molino.

Prímula en flor
vuela la mariposa
verde ramaje.

Intenso frío
el viento mueve ramas
erguido reno.

Brillan luciérnagas
verde rama de pino
es el crepúsculo.

Bellotas caen
un oso come el fruto
sombra en castaño.

Primeros pétalos
el matiz de un vergel
rayos del sol.

SENRYU

Aunque comparte estructura con el *haiku*, evolucionó hacia una expresión centrada en la experiencia humana. Aborda al ser humano, sus emociones, contradicciones y gestos cotidianos, con frecuencia desde una mirada sutil, irónica o reflexiva.

Pulpa jugosa
tentación en la boca
sonrisa eterna.

Sobre la arena
los juegos de palabras
son invencibles.

Entre tus brazos
el reloj se detiene
tus ojos hablan.

Tu abrazo en mí
cobija la esperanza
sueños reales.

**Gratos momentos
resurgen con la edad
fotografía.**

Ojos nublados
la herida sigue abierta
corazón triste.

Frío que quema
la soledad golpea
el alma llora.

Sonrisa pétrea
las lágrimas se extinguen
paz interior.

Nubes de fuego
la luna brilla tímida
la vida en calma.

Colores vivos
florece la ilusión
germinan sueños.

Vacío invierno
época melancólica
refugio cálido.

Estar presente
jugar igual que un niño
vida completa.

Sobre tu rostro
como agua en la cascada
mis besos fluyen.

Y te levanto
como es el viento al polen
entre mis brazos.

Ver su belleza
a través de mis manos
palpar su mundo.

Toco tu talle

trazo un mapa en tu vientre

surge el amor.

Al encontrarnos
reposan nuestros labios
vuelvo a nacer.

Los pensamientos
raíces de recuerdos
nostalgia evoca.

Llanto sin fin
el corazón deshecho
nostalgia gris.

Crujen las hojas
la soledad me sigue
pensar me agota.

Ahoga el mar
con sollozos nocturnos
bajo la luna.

Un beso idílico
le sujetas el cuerpo
leve sonrisa.

Las flores rojas
sacuden la madera
mis ojos lloran.

Tu dulce abrazo
consuela mis derrotas
inolvidable.

Pícaro amigo
oculto en tu victoria
dulce felino.

Risas ingenuas
castillos que se borran
olas coquetas.

Ruge el deseo
versos besan la flor
escribe mi alma.

Respiro paz
en las olas del mar
las penas se ahogan.

Floto en tus brazos
equilibras mis sueños
alegría eres.

Un fuerte abrazo
cálida adoración
solo un latido.

Azul añil

abrazando tu ausencia

espejo roto.

Se enreda el verso
en la piel de la musa
llora la tinta.

Fuimos otoño
suspiro que despoja
la piel de olvido.

En libertad
vuela mi corazón
hasta tus labios.

Desnudo mi alma
latiendo el corazón
sobre el papel.

En la tormenta
tus manos son refugio
de mis tristezas.

Biografías

CARMEN SERRANO BRUNO

Escritora y educadora nacida en San Juan, Puerto Rico. Ha publicado varias novelas cortas: *El Niño y su Camisa Azul* (2019), *Una Aventura Llamada Abuelo Mimo* (2020), *Cuando se Pierde un Sacramento* (2020), *El oscuro reflejo de Moldi* (2022) y *Alondras* (2023). También, la publicación de un *Manual de planificación docente para la caligrafía cursiva* (Escribimos Cursivo - 2023) y *Educación del dotado puertorriqueño: sembrando la esperanza* (2024). Algunos de sus poemas fueron seleccionados para antologías en Puerto Rico, Estados Unidos, Argentina y República Dominicana.

CAROLINA GIRALDO GARCÍA

Nació en Medellín, Colombia. Ha publicado dos libros de cuentos infantiles. *Los viajes de Trufi y Purpita* (2022) y *¿Qué le pasa a Tobi?* (2024). Su tercer libro de cuentos infantiles está en proceso de publicación. Y aunque hasta ahora se ha especializado en literatura infantil, encuentra en la poesía una forma hermosa de expresar los sentimientos, el vínculo con la naturaleza y la conexión con la esencia humana.

FIAMA VALERIO

Nació en Nicaragua. Médica, Psicóloga, escritora, poeta y ensayista. Pionera de la psique-poesía. Primer libro *Expediente Psicológico* (2023), presentado en el I Congreso Centroamericano de Psicología en Honduras. Algunos de sus poemas han sido publicados en revistas como Circulo de Poesía (México) y Nagari (Miami). Realizó entrevistas sobre Psicología para revistas como REPLICANTE y PLAYBOY México y LATAM.

MARÍA FERNANDA CALDERÓN

Zarzaleña de corazón, es una ávida lectora y promotora de la cultura. Su pasión por los libros la ha llevado a coordinar los clubes de lectura de Milibrohispano y Legere, donde comparte su amor por la literatura con otros amantes de las letras.

ANA GERÓNIMO MARÍÑEZ

Escritora dominicana y profesional en Agroindustria. Autora de *Muchos amores y uno solo*, poemario reconocido con mención honorífica en los International Latino Book Awards 2024. Es creadora del programa Amantes de la poesía y gestora cultural de Bibliorefri, Lectura fresca, un proyecto innovador que promueve la lectura en espacios cotidianos. Su obra y proyectos reflejan su compromiso con la difusión literaria y cultural.

ZAILYN OLIVERA CRUZ

Cuba, 1980. Reside en Florida, Estados Unidos. Ha participado con sus poemas en Colectivos de Autores como: Escritores por el Mundo, *Soy Mujer Valiosa Poemas* y *Mujeres Dreams Boss Escritoras* (2022). Es autora de los libros: *Retazos del alma* (Poesía), *Reclamos del corazón* (Poesía) y *Voces de la memoria*. La historia del pueblo cubano donde vivió Ernest Hemingway (Ensayo).

MARÍA VICTORIA ARCE MONTOYA

Sensei de Poesía Japonesa. Gestora Cultural, Embajadora Cultural de La Cámara Internacional de Escritores y Artistas CIESART. Directora del área Infantil, Juvenil y pedagógica del Instituto Nacional e Internacional de la Sociedad de las Artes "INISA" México. Miembro de Milibrohispano, Estados Unidos.

Publicaciones: *Sakura Fubuki, Formas Poéticas Japonesas,* Colombia, 2021. *Ébano Infinito, poesía intimista de formas occidentales. Almas Gemelas,* cuento infantil bilingüe. *Sueños Alados,* poesía infantil y caligramas.